Juliette Mellon • Virginie Vidal

La véritable histoire de Jago qui affronta le lion des cavernes

bayard jeunesse

Chapitre 1

Les préparatifs

Quelle agitation ce soir au campement ! Un autre clan nous a rejoints et tout le monde s'active : les femmes cuisinent, les hommes aiguisent les pointes de leurs sagaies...

De tous les côtés, on se prépare pour la grande chasse aux rennes qui aura lieu demain. Les enfants courent, tout excités.

Installé près du feu, je dessine. C'est mon activité préférée. Je récupère dans la braise un bâton de bois encore rouge. Quand il refroidit, je m'en sers pour décorer une pierre plate.

Je suis en train de tracer un lièvre en pleine course, lorsque mon père m'appelle.

– Jago ! me dit-il, viens voir ce que j'ai fabriqué pour toi…

Quand j'arrive près de mon père, il me tend un beau sac en peau :

– Mon fils, voilà de quoi transporter du petit gibier. Bientôt, tu feras partie du groupe des chasseurs. Montre-leur dès demain ce que tu sais faire… Je serai fier si tu rapportes ce sac bien plein !

Les yeux de mon père brillent, il ajoute :

– Le clan compte sur toi !

Le sac est magnifique, sa peau est douce et souple. Mon père me rassure :

– Ne t'inquiète pas, je l'ai cousu solidement. Tu peux le remplir de lapins ou d'oiseaux, il ne craquera pas !

Ce n'est pas cela qui m'inquiète… c'est la chasse ! Je ne veux pas être un chasseur, mais je n'oserai jamais l'avouer à mon père. Je le remercie d'un sourire et je retourne en silence près du feu. J'ai envie de pleurer : j'ai si peur de revenir demain avec mon grand sac vide.

Heureusement, la musique et le repas me changent les idées. De toutes mes forces, je frappe en cadence dans mes mains pour donner du courage aux chasseurs.

Quand vient la nuit noire, épuisé, je me lève pour aller dormir. En passant près de la grotte, j'entends des bruits étranges. Ce sont des chants qui semblent monter des profondeurs de la terre. J'ai vu des hommes entrer dans la caverne tout à l'heure. Que font-ils ? J'aimerais percer ce mystère que l'on cache aux enfants du clan...

Je rejoins notre hutte et la chaleur des peaux de bête. Juste avant de fermer les yeux, je pense à ma pierre. Demain, je l'emporterai dans mon sac pour qu'elle me porte chance : qui sait, peut-être que le lièvre que j'ai dessiné fera venir un vrai lièvre ?

Mon père serait si fier de moi !

Chapitre 2

Un nouvel ami

Le jour se lève à peine et je me prépare. Aujourd'hui, je vais montrer à mon père qu'il peut compter sur moi. C'est décidé, je ne reviendrai pas bredouille. Je prends ma sagaie, mon sac, et en route avec les chasseurs !

Mais bientôt je me laisse distancer et je me retrouve seul. Heureusement, je connais bien les alentours ! Au pied d'un arbre, je remarque plein de petites crottes... Aucun doute, ici, je verrai passer des lièvres.

Le tronc de l'arbre est rugueux, je grimpe facilement. En quelques secondes, je suis installé au creux des branches. C'est confortable ! Je pourrai rester là toute la journée s'il le faut.

Pour passer le temps, je grave le bois de mon arme. J'entends soudain un léger bruit et je relève la tête. En bas, à quelques pas de l'arbre, un lièvre !

Tout doucement, je me concentre et je tire... La bête s'écroule aussitôt ! Je n'en reviens pas : moi qui n'ai jamais su viser, je viens de tuer un lièvre du premier coup. Tout heureux, je dégringole de mon perchoir. Le lièvre est bien mort, mais je ne retrouve pas ma sagaie... c'est bizarre !

À cet instant, un rire éclate derrière moi et je vois sortir des buissons un garçon que je ne connais pas. Il est sans doute de l'autre clan. Il tient une fronde à la main. En un éclair, je comprends tout : ce n'est pas moi qui ai tué le lièvre… c'est lui !

Je m'apprête à repartir, tête basse, quand le garçon s'approche de moi et dit :

– Salut, je m'appelle Kob.

Il sourit et me tend le lièvre :

– Tiens, je te le donne.

Soulagé, j'ouvre mon sac pour y glisser l'animal. Je murmure :

– Merci, Kob ! Sans toi, je serais sans doute rentré bredouille… Je ne sais pas viser.

Kob rit encore et m'entraîne :

– Suis-moi ! Dans mon clan, on me surnomme « petit-grand-chasseur », et ce n'est pas pour rien… Je vais t'apprendre !

Ses yeux tombent sur ma sagaie, que je viens de ramasser. Il s'étonne :

– C'est toi qui as fait ça ?

Il pointe le doigt sur les animaux que j'ai gravés. Il sourit :

– Moi, je sais attraper le gibier, mais toi, tu sais le dessiner !

Je souris à mon tour, je crois que je viens de trouver un ami.

Chapitre 3

L'attaque du lion

Voilà des heures que je trotte derrière Kob en essayant de garder le rythme. « Petit-grand-chasseur » est surtout un « petit-grand-marcheur » ! Nous nous sommes arrêtés juste une fois, pour manger quelques fruits. Puis nous sommes repartis, car un seul lièvre, pour Kob, cela ne suffit pas !

Le soleil est descendu dans le ciel. Nous n'avons rien attrapé d'autre et pourtant le sac sur mon épaule pèse de plus en plus lourd... Kob marche loin devant moi maintenant. Il faut que je le rattrape pour lui dire de faire demi-tour, mais je n'ai plus la force d'accélérer. Mes mollets ne m'obéissent plus. Je m'apprête à crier pour appeler mon ami, quand ma voix se coince dans ma gorge. Je reste la bouche ouverte... À quelques mètres devant moi, un lion vient de surgir !

L'animal se met à suivre silencieusement les traces de Kob. Insouciant, le « petit-grand-chasseur » continue sa route. Si je ne fais rien, dans quelques minutes, le fauve l'aura rattrapé ! J'ai si peur que j'ai du mal à réfléchir. Les secondes s'écoulent lentement. J'hésite. Si je lance ma sagaie, l'animal se mettra à courir et, en trois bonds, il sautera sur Kob. Si je ne bouge pas, le lion l'attaquera en prenant tout son temps.

Soudain, j'ai une idée : je vais faire du bruit pour attirer l'animal. Je me mets à taper des pieds par terre. Devant moi, le lion s'immobilise. Il tourne la tête, intrigué, et il regarde dans ma direction. Il semble hésiter.

À nouveau, je tambourine des pieds sur le sol. Ça y est, le lion fait demi-tour, il vient vers moi ! Kob est sauvé... mais me voilà en danger ! Comment faire croire à cette bête que je suis plus fort qu'elle ? Je saute pour paraître plus grand, j'agite les bras dans tous les sens, je pousse des cris... Mais le rugissement du lion couvre ma voix, et la panique me gagne.

Il faut que je me calme. Il me reste une chance de sauver ma peau. J'ouvre mon sac, je saisis le lièvre mort et, d'un grand geste, je le jette vers le lion. Aussitôt, le fauve s'en empare. Il me lance un dernier regard puis, sa proie dans la gueule, il s'éloigne et disparaît.

Kob m'a rejoint. La fatigue s'est envolée. Nous reprenons en courant le chemin du camp. On a eu tellement peur !

Chapitre 4

Le mystère de la grotte

Au camp, personne ne remarque notre retour. Tout le monde s'affaire, car la chasse a été bonne, les hommes ont rapporté plusieurs rennes. Il faut s'occuper des bêtes, récupérer les peaux, la graisse, les os… Le travail est dur, mais c'est la fête ! Chacun sait que, cet hiver, nous ne manquerons de rien.

Nous aurons de la viande, des vêtements chauds, de quoi nous éclairer. Et nous pourrons fabriquer des armes, des outils et même des bijoux !

Je suis content que personne ne s'occupe de moi. Je n'ose pas penser à ce que dira mon père quand il verra mon sac vide.

Je m'accroupis discrètement dans un coin et je reprends ma pierre plate. Je regarde mon lièvre qui court. Sur la deuxième face, je veux dessiner le lion avec le lièvre dans sa gueule. Ce sera un cadeau pour Kob. Il ne le sait pas. Je lui offrirai ma pierre demain, quand il repartira avec son clan.

Tout à coup, quelqu'un crie mon nom :

– Jago !

Je relève la tête.

Mon père s'avance, accompagné du chef de notre clan. J'aperçois Kob derrière eux. Mon cerveau tourne à toute vitesse. Ils savent que nous n'avons rien rapporté pour le clan, que j'ai raté mon tir et sacrifié le lièvre de Kob… Je suis inquiet.

Sans un mot, le chef du clan regarde ma pierre avec attention, il chuchote quelques mots à mon père et me fait signe de le suivre avec Kob. Nous nous dirigeons vers la grotte.

Kob me glisse à l'oreille :

– Je leur ai raconté notre rencontre avec le lion des cavernes !

Nous entrons dans la grotte, Kob et moi, derrière le chef, tandis que mon père reste au-dehors. Nous nous enfonçons dans les galeries, où il fait de plus en plus froid.

Nous marchons à la queue leu leu, éclairés par la flamme que tient le chef. Brusquement, je me fige. Sous mes yeux, des animaux courent le long de la paroi. D'un seul coup j'oublie la peur et le froid. Plus rien n'existe que ces dessins extraordinaires, ces bêtes qui vivent sur la pierre !

Dans la salle où nous sommes arrivés, le feu de la veille brûle encore. Le chef le ranime et la fumée nous enveloppe, Kob et moi.

L'homme saisit nos mains. Il les plaque contre la paroi. Nous ne bougeons plus. Lui-même mâche quelque chose. Enfin, il s'approche de nous et projette en crachotant de la couleur tout autour de nos mains. Quand nous les retirons, il reste nos deux empreintes, entourées de rouge, ensemble sur le mur pour toujours.

Le chef me tend alors un bâton de charbon. C'est à mon tour de dessiner. Je sens les esprits de tous les animaux peints qui m'encouragent. Ma main est ferme. En quelques traits, je fais apparaître le lion des cavernes prêt à bondir, majestueux.

Combien de temps sommes-nous restés dans les profondeurs de la grotte ? Je ne sais pas ! Quand nous ressortons, mon père est toujours là. Il me regarde et dit :

– Jago, tu fais désormais partie des hommes qui peignent. C'est un grand honneur. Je suis fier de toi, fier de ce que tu fais pour le clan !

Heureux, je lui souris. Tout autour, les chants font vibrer l'air dans la nuit.

La Préhistoire

La Préhistoire est une très longue période qui a débuté il y a plus de 3 millions d'années. Elle se caractérise par l'apparition de nouvelles espèces de grands singes qui se tiennent debout sur leurs deux jambes. Ce sont les hommes. Elle s'achève avec l'Antiquité et l'invention de l'écriture, il y a 5500 ans.

À la Préhistoire, les espèces humaines ont évolué et certaines ont disparu. Mais l'une de ces espèces existe toujours. C'est l'*Homo sapiens*. Cet homme est apparu en Afrique il y a 200 000 ans avant de conquérir toute la Terre. C'est notre ancêtre à tous.

Les *Homo sapiens* sont arrivés en Europe il y a 40 000 ans. En France, on les surnomme les **Cro-Magnon** car on a retrouvé les restes de cinq *Homo sapiens* dans un endroit qui s'appelle Cro-Magnon, en Dordogne.

Les Cro-Magnon vivaient en **tribus** qui comptaient cinq à six familles. C'étaient des **nomades** et des **chasseurs-cueilleurs**. Ils vivaient surtout dans les vallées où le climat était moins rude.

Les Cro-Magnon mangeaient des **aliments variés**. Ils se nourrissaient de viande grillée au feu, de bouillon à la viande aromatisé aux plantes. Ils pêchaient du poisson. Ils récoltaient des champignons, cueillaient des noisettes et des myrtilles sauvages.

Selon les régions, les Cro-Magnon s'installaient sous des **huttes** de peaux soutenues par des perches de bois. Ou bien ils se réfugiaient au pied d'une falaise ou à l'entrée de **grottes** pour se protéger du froid.

De redoutables chasseurs...

Les Cro-Magnon ont inventé le propulseur qui a révolutionné la chasse. Avec cette arme de jet, ils envoyaient au loin leur sagaie. Ils pouvaient **chasser à distance** les animaux.

Les Cro-Magnon chassaient surtout le **renne**. Ils utilisaient ses os, ses bois, ses tendons, sa fourrure, sa viande et même sa graisse fondue qui servait à s'éclairer.

Les **mammouths** étaient des animaux puissants. Les Cro-Magnon ne chassaient que ceux qui étaient blessés ou piégés dans un marécage. Le mammouth a disparu il y a 10 000 ans quand le climat s'est réchauffé.

Les Cro-Magnon ne mangeaient pas de **lion des cavernes**. Ce félin solitaire était dangereux. Il pesait plus de 300 kilos et mesurait plus de 2 mètres de long.

... des artisans et des artistes

Les Cro-Magnon raclaient des peaux de bêtes pour en faire des **vêtements**. Ils utilisaient un petit outil dont ils étaient les inventeurs, l'aiguille à chas. Ils cousaient les peaux avec des tendons d'animaux qui servaient de fil.

Les Cro-Magnon étaient de **grands artistes**. Ils utilisaient des poudres de roche pour peindre.

Dans les grottes, les Cro-Magnon ont **dessiné, peint, gravé** des bisons, des chevaux, des félins...
Ils ont marqué de leurs empreintes de mains et de signes géométriques les parois.

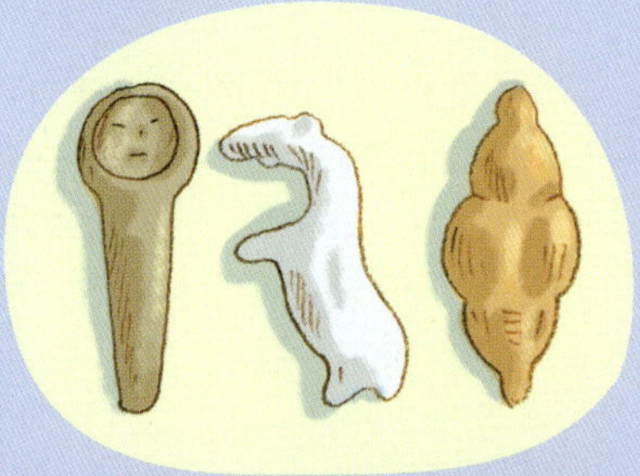

Les archéologues ont découvert de nombreuses **statuettes** de l'époque des Cro-Magnon. Elles étaient sculptées dans de l'ivoire de mammouth, de l'os ou de la pierre.

Dans la même collection

La véritable histoire de Jago, qui affronta le lion des cavernes
a été écrite par Juliette Mellon et illustrée par Virginie Vidal.
Texte des pages documentaires : Catherine Loizeau.
Merci à Antoine Balzeau du Musée de l'Homme (Paris)
pour la relecture des pages documentaires.
Illustrations : Rémi Saillard.

L'éditeur remercie Sophie Coucharrière et Chantal Ducoux pour leur aide,
ainsi que les rédactions de *Youpi*
et de *Mes premiers J'aime lire* (Bayard Jeunesse) pour leurs précieux conseils.

18, rue Barbès, 92120 Montrouge
ISBN : 979 1036 3038 76
Dépôt légal : février 2019
Deuxième édition : novembre 2020

Loi n° 49-956 du 16 juillet 1949 sur les publications destinées à la jeunesse.
Imprimé en France par Pollina s.a., 85400 Luçon - 95823.